햇살 한 줌 담는데 일생이 갔다

송태옥 시집

도서출판 실천

햇살 한 줌 담는데 일생이 갔다

실천 서정시선 104

초판 1쇄 인쇄 | 2025년 7월 21일
초판 1쇄 발행 | 2025년 7월 25일

지 은 이 | 송태옥
발 행 인 | 이어산
기 획 · 제 작 | 이어산
발 행 처 | 도서출판 실천
등 록 번 호 | 서울 종로 바00196호   등 록 일 자 | 2018년 7월 13일
          | 진주 제2021-000009호 | 2021년 3월 19일
서울사무실 | 서울특별시 종로구 율곡로6길 36
          02)766-4580, 010-6687-4580
본사사무실 | 경남 진주시 동부로 169번길 12. 윙스타워지식산업센터 A동 705호
          055)763-2245, 010-3945-2245   팩스 055)762-0124
편 집 · 인 쇄 | 도서출판 실천
편 집 장 | 김성진

ISBN

값 12,000원

* 이 책은 전부 또는 일부 내용을 재사용하려면 저작권자와 '도서출판 실천'의 동의를 받아야 합니다.
* 이 책의 국립중앙도서관 출판예정도서목록(CIP)은 서지정보유통지원시스템(http://seoji.nl.go.kr)과 국가자료종합목록시스템(http://www.nl.go.kr/kolisnet)에서 이용하실 수 있습니다.
* 잘못된 책은 교환해드립니다
* 이 책의 저작권은 고 송태옥 시인의 가족 대표 송준호에 있습니다.

햇살 한 줌 담는데 일생이 갔다

송태옥 시집

■ 시인의 말

해금이 숨 가쁜 음들을 내려놓고
활대를 풀어 놓는다
더 깊은 울림에 닿기 위해
구석에 기대어
뜨겁고 격렬하게 긁고 튕겼던
실핏줄 같은 줄들을
가만히 식히고 있다

- 「쉼,」전문

■ 차례

1부

어둠에서 빛으로	13
구름 가방	14
발송 실패	16
벽	17
먼지	19
예상찮은	21
냉장고	23
멈춰 선 시계	25
선풍기	27
밥 잘하는 여자	28
시장이 사라졌다	30
트라우마	32
액자	34
매미의 우화	36
생게 사브르	38

2부

아지랑이 43
꽃병 44
풀밭 위 운동화 한 짝 45
얼음꽃밭 47
장마 49
겨울밤과 외할머니 51
골목 52
엄마의 겨울 53
내 안의 바벰베족 54
나무의 우산은 나무 56
접시 58
장롱의 역사 60
빨간 우체통 62
햇살 한 줌 담는데 일생이 갔다 64
기억의 끝에서 걸려 오는 전화 66

3부

솔방울 방울방울　71
꽃시계　72
우리 집 미친 대추나무　74
몬스테라 구멍　75
門, 問, 聞　76
바람의 색　78
사과나무　80
바다그림자　81
자벌레 화석　82
붉은 산수유의 겨울　84
나이테　85
목백일홍의 꿈　86
서울숲 오후 한 컷　87
아무도 몰래1　89
아무도 몰래2　90

4부

보랏빛 봄	95
어둠은 어둠이 아니다	96
폐쇄화	97
분홍바늘꽃	98
나물타령	99
key	100
뜬구름 경조증	101
1°C	102
홍운탁월烘雲托月	103
이순별곡耳順別曲	105
바이올린 나무	107
산비둘기의 변신	108
무당벌레 산불	109
마지막 남은 창포꽃 잎새 하나	110
영혼의 무게	112
송태옥 시인 추모글	113
_이영식, 황상순	
해설	119
_채수옥	

1부

어둠에서 빛으로

어둠 속에서 자라는 콩나물
빛을 가려주다가
내 어둠을 생각한다

캄캄함을 견디며 숨죽이는 콩나물
무럭무럭 자라는 콩나물

그렇게 내가 되고 콩나물이 된,
어둠이 빛이 되는 순간

구름 가방

흘러가는 가방에 바람을 넣고
소나기도 넣고
비행기도 넣고
새도 잡아넣었다

점점 무거워진 가방이
울먹이며 무거워졌다
가벼운 바람이 불자
어깨끈이 흩어지고
지퍼가 열리고
흠뻑 젖어 흥건하던 것들이
빗방울로 쏟아졌다

빗방울 하나에서
바람이 흘러나오고
빗방울 하나에서
비행기가 날아오르고
빗방울 하나에서
새가 빠져나왔다

이제 가방은 깃털처럼 가벼워져
하얗게 흘러가고 있다

발송 실패

언니에게 보내는 메일은
아무리 전송해도 발송 실패로 뜬다

언니의 주소는
풀들이 무성하고 지붕이 내려앉은 채,
빈집이 되었다

나는 도착할 수 없는 그 주소로 매일
편지를 보내고
안부를 묻곤 한다

치매를 앓고 있는 언니의
텅 빈 뇌 속으로
발송 실패의 문장들만 쌓이고

언니는 빈집이 되어갔다

벽

혼자라는 벽에 갇혀 산다

혼자 밥을 먹고
혼자 TV를 보고
혼자 잠을 잔다

혼자라는 벽 속에는
바람도 햇빛도 들지 않는다
저 혼자 봄에서 겨울로 흐를 뿐이다

혼자라는 벽이 단단해지고
두꺼워질수록 벽은 또 다른 벽이 된다

벽과 벽이 마주 앉아
대화를 시작한다

벽에 기대어
벽을 바라보고
벽을 이해하며

말을 걸기 시작하자

벽이 조금씩 허물어진다
벽은 나를 놓아줄 것만 같다

먼지

종일 자고 또 잤다
먼지처럼 잠은 뭉쳐지고 쌓여서
오래 자도 졸린다

커튼 사이로 비치는 햇빛 속에서
춤추며 떠도는 먼지가 보였다

어릴 적 우리 집 대청마루 위
먼지처럼 앉을 자리만 있으면
뽀얗게 쌓이는 먼지는

졸음처럼 자꾸만 생겨난다

해금 선생이 올 때 쓸어내고
기도 모임 할 때 닦아내도
우리 집을 먼지투성이로 만든다

선반 위 유효기간 지난 약병 위와
화분 뒤 구석에도 먼지가 쌓이고 덮여
꼼짝 달싹 못한다

그것들 속에서 나도
먼지를 일으키고
먼지를 먹으며 기침을 한다

살아가는 일이란 먼지 구덩이 속을
뒹구는 일이다

예상찮은

갈비뼈 세 대가 부러졌다

내장을 보호하던 갈비뼈가 부러지니

새장문이 열린 것 같다

갈비뼈는 새장이 되어 나를 보호하고 있었다

새장문이 열리자 내 안의 새들은 날갯짓을 해댔다

우주를 흔드는 날갯짓인 양 날아올랐다

파닥이는 날갯짓으로 새장문을 나가려 아우성이다

아우성은 아픔으로 알았다

너무 아파서 숨도 쉴 수가 없다

일체의 중지라서 새장문을 닫을 수가 없다

새장문을 닫으려 나를 스스로 다스린다

냉장고

그녀는,

주위를 상하지 않게 하는 재주가 있다
싱그러운 말들로 이야기의 신선도를 높인다

시간이 지나도 변함없는 것은
속상한 일이 있어도 끄릉끄릉 저 혼자 앓기 때문이다

몇날 며칠 속을 다 털어먹어도
채워진 자신을 또 내어준다

냉동실처럼 꽁꽁 얼어붙은 사이라도
안쪽 너머 깊숙이 선뜻 들어가 함께 얼어줄 줄 안다

야채 칸에 넣어둔 눈빛처럼
언제나 싱싱하게 웃는다

언제든 시원하게 자신을 열어젖히고

갈증을 씻어주는 넉넉한 마음까지 가졌다

10년쯤 마음이 보증된다는 그녀가
우리 집에 산다

멈춰 선 시계

시계가 멈췄다

태엽을 돌려도 건전지를 갈아껴도 꿈쩍도 안한다

하루 두 번 정지된 시간에서만 만난다

멈춰 선 시계는 카이로스다

칠십의 인생이 뒤섞여 뭉쳐진 시간

정지된 시간 앞에서 크로노스의 시간은

또박또박 꽃을 피우고 열매 맺고

비 오고 눈 오고 계절은 가고 계절은 오고

멈춰 선 시계 속에서

인생은 크로노스의 혼돈 속을 지나왔다

시계는 정오에서 멈춰 서 있다

쏟아지는 햇빛 아래를 나는 걷고 있다

선풍기

아스팔트가 녹아내릴 것 같은 날씨
미친 소처럼 날뛰어 봤자 철창 안이다
때로는 세게 미치라고 강,
때로는 한가히 놀라고 약,
단계별로 미쳐서 돌고 있는 나는
미친 선풍기
미쳐 돌아가는 세상에서
그대들도 한번 돌아보라고
티셔츠 벌리고 강한 바람을 집어넣는 선풍기
정신병자도 아닌데
죄수처럼 촘촘한 철창에 단단히 가두어두고
더 시원하게 미쳐보라고 한다
내가 돌아야 시원해지는 세상
답이 보이지 않을 땐 자신을 돌려보는 것,
비록 철창에 갇혔더라도
돌다 보면
바람 시원한 언덕에 도착할지도 모른다

밥 잘하는 여자

그녀는 튼튼한 압력의 소유자다
일 년 365일 밥하기 위해 태어났다
백미
백미직속
무쇠솥 밥
잡곡
현미발아
김초밥
누룽지
만능찜
영양죽

마음의 온도에 맞춰 보온으로 전환할 줄도 안다
그렇다고 잘난체하지도 않는다

열고 닫을 때마다 딸랑 언제나 경쾌한 그녀
밥이 다 됐다고 알려도 주는 친절한 그녀
덤으로 삼계탕도 끓일 줄 아는 그녀
버튼만 누르면 불평 없이 밥을 짓는
그녀는 순종적이다

검은 머리 파뿌리 될 때까지
칙칙칙칙 콧김 내 뿜으며
오늘도 그녀는 밥을 짓기 위해 달린다

시장이 사라졌다

행당동에 있던 재래시장이 사라졌다
뽀얗고 탱글탱글한 마늘을 빻아주던 마늘 가게도
500원짜리 무짠지를 간장 물에서 건져주던
소탈하고 정 많던 웃음도 사라졌다
내 단골 야채 가게도 문을 닫아 펫 가게가 됐다

지금은 행당시장 상점가라는 입간판 플래카드 밑으로
가게들을 즐비하게 거느린 채,
말끔하고 반짝거리는 가게들로 변했다
옛날처럼 오밀조밀하게 오가던 한주먹의 덤과
빨간 소쿠리에 담긴 상추를 떨이라며 통째로 건네주던
넘치는 인심도 사라졌다

행당 재래시장은 재개발되어
4층짜리 행당 타워로 변신한 후
형부네 할인마트가 위풍당당하게 들어서고
건너편에는 7층짜리 에뜨앙 행당오피스텔이 세워졌다

그 옛날 천 원짜리 몇 장 들고 장의 보던 시대는 가고
 카드 한 장이면 끝나는 마트 시대가 왔다
 외상이면 소도 잡아먹는다는 카드는 씀씀이만 커가고
 오백 원이라도 깎아 주며 정이 넘치던 그때,
 현금으로 장을 보던
 옛날 행당시장이 자꾸만 생각이 난다

트라우마

비행기를 못 타는 사람도 있다
기관지가 나쁜 아버지 지인이 비행기에서 죽은 이후
난 비행기트라우마가 생겼다
먼 나라의 여행은 꿈도 못꾼다

계단이나 산비탈을 오를 때면
숨이 가쁘고
숨이 차고
숨이 막힌다
큰맘 먹고 떠난 제주도 여행길에서도
내 기관지염은 버티지 못하고
하루 만에 돌아오고 말았다

가고 싶은 곳이 많지만
그림의 떡이다

그때부터 난 상상 속으로 여행을 떠난다
비행기를 타지 않고도 어디든 갈 수 있어 다행이다
산타아고 순례길을 눈 감고 걷다 보면
그곳의 바람과 꽃향기에 취하는 것만 같고

제주도 오름길을 오를 때 숨이 차지 않아서 좋다
세상에서 가장 멋지다는 바다와 계곡
심지어 맛집 여행까지

아무리 먼 나라일지라도
눈감고 후딱 다녀오니
부러울 것 없는 여행을 즐긴다

액자

부모님 사진과 내 공연 팜플렛 사이에
고흐의 해바라기가 활짝 핀 채로 놓여있다

부모님이 보고 싶은 날
액자 속 웃는 사진을 보노라면
부록처럼 해바라기를 같이 보게 된다

몇 년 전 해금공연 팜플렛은 내 자랑거리가 되었고
떨리던 그날을 떠올려보려 할 때도 해바라기는
내 시선을 끌어당긴다

복을 가져다 준다는 고흐의 노랗색 해바라기가
현관 입구에서 물결친다

삶의 흔적들을 가두고 있는 액자들은
점점 늘어난다

언니와 찍은 여행 사진
2대째 박사학위를 받던 날 기특했던 조카 사진
마음을 가라앉히는 풍경 사진

액자는 나를 말해주기도 하고
 내 삶의 증거가 되기도 한다

 시골집 현관 빛바랜 흑백 가족사진이 보고 싶을 때가 많다
 언젠가 나도 하나의 액자로만 남겨질 날이 오겠지

 액자에서 액자로 시간을 넘겨주면서 말이다

매미의 우화

어둠의 긴 터널 속에서 7년이 흘렀다

매미가 벗어놓은 허물을 갖고 노는 동안

허물은 내 삶 속으로도 흘러들었다

삼복더위 속 극성스러운 매미 울음처럼

내 울음에도 7년 치의 어둠이 묻어 있었다

우화처럼 허물을 남기고

울음만 남긴 매미는 사라지고

내 젊은 날의 뜨거운 태양도 지나갔다

이제 땅속 시간으로 돌아갈 때

나는 초록이 무성한 나무 뒤에 붙어

남은 여름을 울고있는 중이다

생게 사브르*

생게 사브르는 참을성 많은 돌이다

바람의 비밀을 듣고
구름의 비밀을 듣고
꽃의 비밀을 듣고
사슴의 비밀을 듣고

점점 무거워지는 비밀의 무게

귀만 있고 입이 지워진
인내심 많은 생게 사브르는
그 비밀의 무게 때문에 깨지고 만다

어릴 적 나도 생게 사브르였다
막내로 태어나 동네북이 되어버린 내게도
엄마에게도 말 못 할 비밀들이 쌓이고
쌓여만 갔다

언니와 몰래 영화관에 갔던 일
오빠의 구슬 따기 외출을 비밀로 했던 일

사람도 자반 고등어처럼 져려지나 보려고
언니의 목덜미 속으로 소금을 뿌려본 사실도
엄마에겐 말 못하고 속으로만 간직하다

이제는 즐거웠던 지난날의 추억으로
맘껏 얘기하는 순간 깨지고 마는
나의 어릴 적 생게사브르

*생게 사브르 : 패르시아 신화에 나오는 마법의 돌로 온갖 비밀을 들어주던 돌은 그 무게를 감당하지 못하고 깨어지는 순간 비밀을 털어놓은 사람은 고통과 번민에서 해방된다는 돌.

2부

아지랑이

앞집 초가지붕 위에서 피어오르는 아지랑이

다섯 살배기 어린 내가

쪼그리고 앉아 하염없이 바라보는,

따스한 햇살에 외로움도 아늑했다

꽃병

약탕관에 꽃들을 꽂았다
할머니 때로부터 내려오며 굴러다니는 약탕관은
처음으로 꽃향기를 끓이는 중이다

한약을 먹고 살아났다는 옆집 경이처럼
붉은 노랑 자줏빛 꽃다발이
푸른 줄기로 흐르는 약 기운 때문일까

감기와 천식에도 끄떡없다는 듯 향기를 피워올린다
한약 냄새 대신 꽃향기를 품은
항아리를 닮은 약탕관의 입이 벙글거린다

하지만 이따금씩

꽃에서 할머니 냄새 같은
한약 냄새가 나는 것 같기도 하다

풀밭 위 운동화 한 짝

첫 부임 한 학교 운동회 날이었다
선생대표 달리기 선수로 뽑혔다
운동화가 벗겨지는 줄도 모르고
악착같이 달렸다

함성이 달리고
만국기가 달리고
나의 청춘이 힘껏 달렸다

하지만 이제는 숨 쉬기조차 힘이 든다
정상인 폐활량의 50퍼센트도 안 되는 폐활량으로
빨리 걷는 것조차 무리다

학교 운동장과는 비교할 수도 없는
생의 바퀴를 달리느라
나는 폐가 망가지는 줄도 모르고 달렸다

삼삼오오 소풍 나온 공원 옆 풀밭
작은 운동화 한 짝이 뒹굴고 있다
운동회 날 내게서 벗겨진

그 운동화 한 짝이 풀밭을 달리는 것만 같다

봄바람을 신고
구름을 신고
햇빛 속을 달린다

새들이 만국기처럼 펄럭이며 날아간다

얼음꽃밭

어릴 적
웃풍 심한 안방 유리창엔
겨울 아침마다 얼음꽃이 피었다

나뭇잎도 피고
활련화도 피어나
꽃밭을 이루었다

얼기설기 총총
얼음꽃으로 가득 찬 유리창은
밖이 보이지 않았다

오빠랑 나는
호호 입김을 불어 밖을 내다보곤 했다

꽃들은 입김에 따라 녹아 흐르며
알 수 없는 무늬를 피워냈다

얼음꽃이 피던 날이면
엄마는 영하의 날씨에 손을 후후 불며

연탄불에 떡국을 끓이시곤 했다

떡국의 뜨거운 열기에
얼음꽃밭은 자취 없이 사라져 갔다

어느새 칠순이 된 오빠

웃풍 걱정 없는 아파트에서
그때 그 시절 얼음꽃들을 떠올린다

오빠 마음속에 피어난 얼음꽃밭은
추위를 녹이며 조용히 흐르고 있다

장마

 장마철만 되면 우리 집 뒤 고랑은 물이 차고 넘쳤다
 그럴 때마다 온 식구가 나서서 깊게 고랑을 팠다
 물길을 내주어야만 우리 집을 넘보지 않고
 순순히 흘러갔다

 그 뿐만이 아니다
 장마가 시작되면 초가지붕이 샜다
 여름을 두드리듯이 똑똑 떨어지는 물방울 밑으로
 양은 냄비 세숫대야 어떤 때는
 양동이를 갖다 놓고 물을 받았다

 미술 시간 선생님은
 내가 그린 우리 집에 왜 뿔이 달렸냐고 묻기도 했다
 새는 지붕을 막으려 꽂은 막대기가 뿔 같았다

 철없던 나는 장마가 되면 언니랑 물 구경 갔다
 한양대 넘어 뚝섬은 물바다로 변했다

물길은 둑을 넘어 마을을 삼키기도 했다

올해도 어김없이 장마는 찾아오고
내 유년의 기억 속으로 물이 넘칠 때마다
허리가 아프고
무릎이 시큰거리는 것만 같다

겨울밤과 외할머니

 왕십리 외할머니는 외아들이 6.25때 국군장병으로 전사하자 평생을 홀로 농사지으며 사신 분인데 농한기면 우리 집에 와서 겨울을 나셨다. 밤새 풀어놓는 할머니의 이야기들은 밭고랑처럼 구불거리며 끝이 날 줄 몰랐다 농사는 그늘 농사를 잘 지어야 한다고 힘주어 말할 때 할머니의 깊은 주름 속에서 어둠이 출렁거렸다 햇볕만 쨍쨍해서는 농사가 안되고 그늘도 필요하다며 당신의 삶에 생긴 그늘과 상처는 낫는 거더라고, 사라지는 거더라고 그렇잖으면 평생을 어떻게 살았겠냐고 홀홀단신 개척해 온 이야기보따리에 겨울밤이 깊어가는 줄도 몰랐다

골목

 달동네 골목은 꼬리를 자르고 도망치는 도마뱀처럼 미로를 닮았다 이 길로 들어서면 저 길 끝인 것 같고 저 길을 빠져나갔다 싶으면 이 길 한 가운데에 서있기도 했다 미로 속에 갇힌 바람도 종종 골목을 빠져나가지 못했다 한쪽 귀퉁이가 무너져 내린 담벼락 위로 해바라기가 피어있고 깨진 소주병들은 남은 담장 위에 박혀있었다 어두컴컴할 때는 누가 따라올 것만 같아 숨통을 옥죄는 골목 늙어버린 가로등은 수시로 깜박거리고 골목을 벗어나 큰길로 나와야만 안심이 되던 어린 시절 지금 그 달동네 골목은 사라지고 기억 속에 남아 가끔씩 그 미로 속으로 들어가 보곤 한다

엄마의 겨울

 비탈진 달동네에 덤프트럭과 크레인이 개선장군처럼 밀고 들어와 조막만한 집들을 밀어내고 아파트가 들어섰다 엄마는 꽁꽁 언 손으로 연탄불을 갈고 사방팔방 스며드는 찬바람에 자라목처럼 움츠린 채 겨울을 나셨다 철벽처럼 바람을 막아주고 사시사철 뜨신 물 넘치는 아파트에 끝내 살아보지도 못하고 돌아가셨다 감기를 달고 사셨던 아버지는 아파트에 살고부터 건강해졌지만 고생만 하다 가신 엄마가 명치끝에 걸려있는지 자주 헛기침을 했다 옆집 갑순이 분네 숟가락 개수까지 알고 지냈던 달동네가 이제는 꼭꼭 문을 닫고 서로 모른 채로 살아 간다 엄마가 더욱 보고 싶은 겨울이다

내 안의 바뱀바족

 남아프리카 바뱀바족은 부족 중 한사람이 죄를 지으면 죄인을 마을 한복판 광장에 데려다 가운데 세우고 마을 사람들이 모두 하던 일을 멈추고 남녀노소 할 것 없이 광장에 모여들어 죄인을 중심으로 큰 원을 이루어 둘러서서 한사람씩 큰소리로 외친단다

 넌 처음부터 착한 사람이었단 시장구석에 쪼그리고 앉아 쪽파를 파는 할머니의 물건값은 절대 깎는 법이 없었고 아버지의 대소변도 지극정성으로 받아내던 딸이었지 진로상담 선생을 할 때는 뿔난 엉덩이로 사방팔방 찔러대는 아이들의 뽈을 만져주고 쓰다듬기도 했지 풀숲에서 낑낑대던 강아지를 데려와 엉킨 털을 빗어주며 길 잃은 삶들을 먹이고 살리는, 너는 그런 사람이었단다

 며칠에 걸친 칭찬의 말이 바닥이 날 때쯤 가운데 섰던 사람이 머리를 수그리고 어느 순간 참회의 눈물을 뚝뚝 흘리기 시작하면 분위기는 절정에 달하고, 사람들은 한명씩 나가 눈물 흘리는 사람을

꽉 끌어안아 주며 위로와 격려로 죄를 용서한단 다 이 때부터 부족의 축제가 벌어지고 축제가 끝 나면 잘못을 저질렀던 사람은 다시는 죄를 짓지 않는다고 한다

나무의 우산은 나무

나무도 좋아하는 나무와 싫어하는 나무가 있다

좋아하는 나무 옆에서는 잘 자라고

싫어하는 나무 옆에서는 성장을 멈춘다

떡갈나무와 잣나무는 서로의 곁에서 잘 자란다

하지만 오동나무 옆 뽕나무는 잘 자라지 못한다

떡갈나무의 우산은 잣나무이고

뽕나무는 오동나무의 우산이 되지 못한다

나라는 나무의 우산은 엄마였다

너무 일찍 엄마가 벗겨진 후

나는 비를 맞고 흠뻑 젖어들기도 했다

어른이 된 후 나는,

스스로가 든든한 우산이 되어야했지만

나는 내게 변변찮은 우산이었다

접시

내게 접시는 오빠와의 경쟁에서
내 것임을 알려주던 울타리였다
짜장면을 먹을 때도 계란찜을 먹을 때도
내 접시에 옮겨만 담으면 아무리 힘쎈 오빠라도
넘 볼 수 없는 나만의 공간이 되었다

윤경이는 먼 캐나다 가면서도 접시를 꼭 챙겨간다
불고기를 담을 때도 접시의 테두리에 풀잎을
두르고 꽃들을 장식하는 윤경이의 접시는
그림이 된다

조카 아이들이 놀러와 음식을 먹을 때도
앞접시에 덜어 먹는다
어릴 때 나처럼 자기 앞에 놓은 둥근 울타리 안에
떡볶이를 담고
튀김을 담고
스파게티를 담으며
자신들의 접시를 채워간다

아이들은 맘껏 자신들의 접시를 채우고
비우는 동안 어른이 되어간다

장롱의 역사

어려서는 횃댓보가 장롱을 대신했다
언니는 등잔불 아래에서
밤늦도록 횃댓보에 정성껏 수를 놓았다
봉황이 날개를 펴고 날아가고
목단꽃이 피어나는 횃댓보는
낡고 보잘것없는 옷들을 덮어주었다

그러다 화신백화점에서 아버지가 마호가니 장롱을 사오셨다
유리가 달린 마호가니 장롱이 개선장군처럼
우리 집 안방을 차지한 날부터 엄마는
정성껏 장롱을 닦듯 가족을 살뜰히 닦았다

어떤 때는 철제 캐비넷이 우리를 거쳐 가기도 했다
비밀번호까지 달고 있는 빨간 철재 캐비넷은
밝고 명랑한 아이처럼 주변을 환하게 했다
재개발 신축 아파트로 이사 갔을 때는
목재양각무늬 장롱을 들였다
매화가 피어나고 새들이 날아가는 무늬들 속으로
명주 색동 솜이불과 분홍 땡땡이 원피스가 들어가고

가족들의 사계절 거죽들이 들어차
장롱은 숲처럼 빽빽해져 갔다

채우기만 하던 장롱은 이제 비워져 간다
장롱 속 앨범 사진과 함께
기억 속으로 잠든 아버지와 엄마
일평생 채우기만 하던 욕심들을 버리고
나라는 장롱도 곧 비워져 간다

빨간 우체통

오늘도 산지등대에서 편지가 왔다
제주도의 유채꽃 향기와
갯바람이 묻어있는 빨간 등대가 그려진
그 애의 편지

제주도에서 전근 오신 선생님이
 같은 반 번호끼리 짝을 지어 펜팔 친구를 맺어
주셨다

 바다에도 눈이 내리느냐는
 엉뚱한 질문에도 정성스럽게 답을 해주었고
 한라산 백록담의 시원한 바람을
 편지 가득 담아 보내주던 친구

 어른이 되어 그 애는 제주공항으로
 나는 대학으로 거쳐를 옮기고부터 소식이 뜸해
졌다
 빨간 우체통 속으로 빈 바람만 쌓여갔다

 오랜 시간이 지나

제주도 여행길에 찾아갔던 산지 등대
어릴 적 그 애 소식은 모르지만
바닷바람과 유채꽃은 그대로인 것만 같았다

흰머리가 늘어가는 요즘
기억 속 그때 그 소녀들은
늙은 줄도 모르고 웃고만 있다

햇살 한 줌 담는데 일생이 갔다

6대 독자 외아들 바로 밑으로 태어난 나는
자크가 고장 나 버려진 가방처럼
이리저리 채이면서 자랐다

처음부터 넣을 것이 별로 없었던 나는
빈 가방인 채로 나이를 먹어갔다

어느 날부터
이것저것 욕심껏 집어넣다 보니
몸도 아프고 마음이 아픈 날이 많았다

가방 안으로 들어갈 수 없는
또 다른 내가 흘러넘쳤다

손잡이가 뜯어지고
어깨끈이 끊어지고
가방은 낡아가고 찢어지기 직전이다

나는 나라는 가방을 뒤집어엎고
가방에 넣을 수 있을 만큼만 넣기로 하고

모두 쏟아버렸다

학연, 지연, 인맥, 체면, 자존심...

가벼워진 가방 안에
따뜻한 햇살 한 줌 담는데 평생이 걸렸다

기억의 끝에서 걸려오는 전화

둘째 언니에게 하루 34번의 전화가 온다

끊으면 또 오고
끊으면 또 오는
고장 난 테이프처럼

같은 말만 되풀이 한다

'말했었잖아' 하면
'내가 했었니?'라면서도
전화를 받지 않으면 좌불안석이다

언니 전화에는
저장되어있는 번호가 한 개도 없다
온 힘을 기울여 숫자를 꾹꾹 누르는 번호는
오직 한 개

다른 건 잊어도 내 전화번호만은
잊지 않고 시도 때도 없이 누른다

기억의 끝에 간신히 매달려 있는
내 전화번호

치매로 지워지려는 숫자들을 붙잡고
오늘도 사투를 벌인다

전화벨이 울린다 35번째다

3부

솔방울 방울방울

 소무의도 바닷가 벼랑의 소나무 솔방울을 다닥다닥 매달았다

 솔방울은 소나무의 아픔이다

 해풍이 몰아치는 바닷가 벼랑 끝이니

 저렇게 많은 솔망울이 달릴 수밖에

 버티고 서있느라 방울방울 솔방울들 생겨날 수밖에

 오랫동안 아파온 내 몸에도

 소무의도 소나무만큼이나 주렁주렁 솔망울 달았다

 울음 같은 솔방울

 방울방울 맺혔다

꽃시계

린넨의 꽃시계는 꽃피는 시간이 시계다

민들레가 피는 7시

펜지가 피는 12시

분꽃이 피는 4시

달맞이꽃이 피는 7시는 집으로 돌아가는 시간

시간에 따라 꽃들은

몸속 깊이 묻어 두었던

저마다의 꽃빛과 향기를 피운다

꽃시계에 맞추어 하루가 흐른다

막막한 바람과 빗줄기도 한 걸음의 바늘

구름과 햇빛도 한 걸음의 바늘

꽃시계는 나에게도 너에게도 피어난다

저마다의 빛깔과 향기로 피어난다

우리 집 미친 대추나무

대추나무도 미칠 때가 있다
월계수가 된 다프네처럼
대추나무도 다프네처럼 달아나고 싶었던가
벗어나고 싶었던가

사랑이 싫어서가 아니라 너무 사랑해서

빗질하지 않은 여인의 산발한 머리처럼
애면글면 애태우다 미치고만 그대, 대추나무
사랑으로부터 멀리 달아나다
월계수가 된 다프네처럼
누군가에서 달아나려 했던가,
이루어질 수 없던 사랑

꽃도 피우지 못하고 열매도 맺지 못한 채
서서 죽어버린 그대, 대추나무여

몬스테라 구멍

몬스테라는 잎에 구멍이 뚫려있다

밑에 잎이 햇볕을 잘 받으라고 윗잎에 구멍이 뚫려있다

자기를 희생해서 밑에 잎을 살린다

자신을 불살라 주위를 따뜻하게 지피는 연탄구멍

해녀가 물질에서 떠올라 숨 한번 크게 쉬는 숨구멍 숨비

희생의 제물인 내 한 몸 죽어 누구를 위하여 이 한 몸 바치는 보시공양,

절망은 누군가의 희망이 되는 거였다

몬스테라의 밑에 잎을 위한 윗잎의 희생은

한가닥 구멍에서 생生의 빛이 들어온 거였다

이렇듯 생生은 이어지는 거였다

門, 問, 聞

문을 드나들어 보지 않은 사람은 없다

등용문을 통과하지 못하면 낙오되고

로댕의 지옥문은 심판의 잣대가 되고

솟을 대문은 富의 상징, 거적문은 貧의 상징

성문은 나라를 지키고

개구멍도 문이라면 문이라서 비밀의 숲으로 가는 문,

질문하지 않으면 問은 없고

소문이 없다면 聞은 없지만

좌우간 門, 問, 聞은 모두 문이어서

문을 모르는 사람은 하나도 없이

물어 물어 소문대로 문으로 내딛을 수 있다

안과 밖의 새로운 다른 세계를 만나게 하는 문,

문이 있어서 삶의 매듭이 지어지고

세상 모든 경계영역이 그어진다

바람의 색

바람 소리에도 색깔이 있다

잔잔하게 울리는 풍경소리는 허공을 닮은 하늘색

비바람 소리는 폭군을 닮은 회색

내 옷깃을 스치는 소리는 심장을 닮은 빨간색

창을 흔드는 소리는 징 소리는 닮은 파란색

대숲을 흔드는 소리는 초원을 넘어가는 녹색

떨어져 상처 난 사과 위를 스치는 바람은 검은색

그리고 나와 우리 사이에서 부는 바람은 분홍색

바람의 색을 입고

바람 앞에 흔들리며

바람이 되어가는 우리는

또 우주는

사과나무

사과는 꽃을 열고 나온 상처다

주렁주렁 매달린 상처들이 탐스럽다

천둥 번개에 놀라 찢어진 마음

벌레가 갉아 먹다 뱉어버린 찢어진 꽃잎들

뜨거운 햇빛 아래 땀 흘리던 한낮

폭우에 휘청이던 밤

모이고 뭉쳐져 붉게 익었다

모든 상처가 붉은 것은 아니다

바다 그림자

산 그림자만 있는 줄 알았더니 바다 그림자도 있더라

구름과 나무를 중심에 띄워놓고 흘러가는 바다

물고기가 나무 사이를 헤엄쳐 지나가면 구름도 흩어진다

알 수 없는 방향으로 바람이 불어가면 흔들리는 그림자

흘러가고 흘러오는 물결 속 그림자놀이

찰랑 한번 손대면 흩어졌다 모이며

나뭇가지에 걸리는 구름

바다 그림자 놀이도 산 그림자 못지않다

빛이 사라지면 바다 깊숙이 가라앉고 마는

나무와 구름과 나는 그림자일 뿐인가

자벌레 화석

기어가던 자벌레 베란다 방충망에 걸려 죽었다

화석이 되어가는 자벌레 속으로

붉은 꽈리 한알

붉은 석류 한알

붉은 대추 한알

붉은 단풍잎 한잎

천둥 한번

번개 한번

소낙비 한번

눈송이 하나가 스며들었다

고요하다

자벌레의 우주가 적막하다

붉은 산수유의 겨울

아파트 화단에 붉은 산수유 열매
주렁주렁 달렸다

무성하게 출렁이는 여름 나뭇잎에 가려
있는 듯 없는 듯 이름도 가지지 못한 채
숨죽이던 것들
나뭇잎이 몽땅 떨어지자
재잘재잘 붉은 얼굴을 드러냈다

한겨울에 내민
붉은 마음
붉은 손
붉은 볼

여름엔 볼 수 없었던 뜨거움들

찬바람 맞고 서서
겨울을 접수한 붉은 산수유가
화단을 물들이고 있다

나이테

누렇게 곪았던 자리

핏물 흐른 자리

쓰라림이 고여들어 꾸덕꾸덕 마른자리

추울 때는 촘촘히 간격을 좁히고

더울 때는 느슨하게 마음을 풀던

삶의 빗장을 꽉꽉 여미고 풀 줄 아는

나이테처럼

깨져서 상처 난 자리

까뭇까뭇 옹이 같은 딱정이가 생겼다

벌레가 기어간 것처럼 간질거리다가도

금방이라도 새가 앉았다 날아오를 듯

내 몸에 나이테 하나 더 생겼다

목백일홍의 꿈

여름 한가운데 목백일홍이 한창이다

땀 흘리는 허공이 붉게 물든다

배롱나무라고도 하고 간지럼나무라고도 하는

소쇄원 뜰에 서서

간지르자 간지르자 간지러워 브르르 떨고있다

슬며시 내 옆구리도 간지럽다

나도 붉게 피려는 걸까

천둥 번개 비바람 폭풍을 맞고 서서

이 여름과 함께 타오르려 하는 걸까

가을이 다가오기 전 수많은 꽃잎들 열어젖히고

목백일홍은 무엇을 꿈꾸는가

폭염 한가운데를 버티고 섰는 마음들이 붉다

서울숲 오후 한 컷

비바람 몰아친 후
서울숲 상수리나무 어린 가지들
우수수 떨어져 나뒹군다

도토리 열매 채 익기도 전
떨어져 설익은 연두 모자 쓰고 다람쥐 반긴다

물 가득 넘치는 호수
넘실넘실 은물결 이루고
산죽 쑥쑥 자라 흐드러지게 늘 푸르다

매미 한쌍 짝 짓느라 안간힘쓰고
쓰르르 매앰맴 철 맞아 호들갑이다

잠자리채 든 아이들
곤충채집에 열 올리고
회백색 구름 하늘 낮게 드리운다

왜가리 한마리 우아하게 날개를 드리우고
늦장마든 여름의 풍요를 산책한다

각인이론에 따른 어린 오리새끼들
엄마를 뒤쫓기에 바쁘다

하얀 백로 호숫가 가장자리
물고기 잡느라 긴 부리 들락들락 여념 없다

송사리 떼 흐르는 물속을 왔다 갔다
잠자리 물 위 수면을 하늘하늘 스친다

아무도 몰래 1

모퉁이 돌자
한 포기 민들레
혼자서 피었다

으슥하고 깜깜하고
깊숙한 골목
시멘트 모서리 옆

있으나 마나 흔들리며
노란 꽃잎을
노릇노릇 굽고 있다

자글자글
민들레 속에
햇빛이 끓고 있다

아무도 몰래 2

초록 이파리 사이에 숨어있던

붉은 단풍잎 하나

아무도 모르게 물드는 중이다

님 기다리던 애인처럼

가을이 도착하자

제일 먼저 얼굴 붉히고 있다

4부

보랏빛 봄

봄은 보랏빛으로 오기도 한다
적도 너머 남미고산지대는 보랏빛 봄이다

보라색 자카란다가 봄에 피어서다
내 안에 그런 보랏빛 봄을 그리며,

노랗고 분홍빛이 아닌 환상의 보라
보라를 위한 먼 길 여정 떠난다

그곳에서 보랏빛 그대 손사래 치며
다가오는 꽃그늘,

보랏빛 봄이 내게 화들짝 안겨든다

어둠은 어둠이 아니다

어둠은 빛을 먹는다

색깔을 먹는다

나무를 먹는다

그림자를 먹는다

집을 먹는다

무서움을 먹는다

절망과 파멸을 먹는다

아픔과 고통과 상처를 먹는다

꿈과 희망을 먹는다

그러나 어둠은 대신 별을 토한다

그리곤 어둠에서야 길을 찾는다

폐쇄화

제비꽃이 여름에 필 때는 폐쇄화라 불리운다
봄에 꽃피우기를 실패한 제비꽃이
끝내 포기하지 않고 여름에 피워내는 꽃이다
남들 꽃피울 때 견디고 이겨낸 꽃이다
절망파멸의 수렁에서 꿋꿋했다
꽃한송이 위해 몸부림쳤다
화려한 봄은 가고 여름 숲속그늘에서
우거진 숲 덤불 따라 고개 들었다
결국 살아남아 꽃을 피워낸 제비꽃
폐쇄화가 된 내가 보인다
철모를 시절 봄날은 가고
뒤늦은 꽃 환하게 숲을 비추는 나,
폐쇄화인 내가 고난을 꽃피운다

분홍바늘꽃

불탄 자리에서 가장 먼저 나오는 꽃

씨방이 바늘 닮아 이름 붙인 꽃

가늘고 긴 꽃봉오리 분홍꽃

내 가슴 불타 썩을 때 희망을 선물하는 꽃

꽃 찾아가리 꽃 찾아가리 분홍바늘꽃 찾아가리

시원하고 햇볕 잘드는 너른 평야로 꽃 찾아가리

여름 삼복더위에 꽃 찾아가리

너도 도 소멸하는 절망 바닥에서

한줄기 빛을 보러가리

나물타령

한푼 두푼 돈나물　매끈매끈 기름나물
어영꾸부렁 활나물　동동 말아 고비나물
줄까 말까 달래나물　칭칭 감어 감돌레
집어 뜯어 꽃다지　쑥쑥 뽑아 나생이
사흘 굶어 말랭이　안주나 보게 도라지
시집살이 씀바귀　입 맞추어 쪽나물
잔칫집에 취나물　비 오느냐 우산나물
강남이야 제비풀　군불이냐 장작나물
취했느냐 곤드레　담 넘느냐 넘나물
시집갔다 소박나물　이개 저개 지칭개
주벅주벅 국수댕이　쪼가리 쪼가리 박쪼가리
오자마자 가서풀　간지럽네 오금풀
이산저산 번개나물　정 주듯이 찔금초
머리 끝에 댕기나물　뱅뱅 도는 돌기나물

나의 고향이 눈시울 아프게 돌아온다
시린 가슴 언저리 한켠 애리게 봄맞이 가며,

key

수없이 많은 수많은 종류의 수많은 열쇠가 있다

그 중

그 구멍에 딱 맞는 그 구멍의 열쇠는 딱 한 개

수없이 많은 수많은 숫자의 수많은 비밀번호가 있다

그 중

그 문에 딱 맞는 그 숫자의 비밀번호는 딱 한 개

키는 하나

인생도 한번

뜬구름 경조증

구름에도 무게가 있다

가벼워 보이는 뭉게구름의 무게만도 가벼워야 100톤

붕 떠서 사는 경조증에 걸려

아픈 마음 어쩌지 못해 뜬구름 잡으면

바닥으로 떨어지면 산산조각 망가지는 주변 현실,

상처의 무게가 무거워 무거워 눈물 흘린 세월 대신

현실에 발을 내딛지 못하고

붕붕 떠서 허황되게 아픔을 노래하는 슬픔의 경조증,

1℃

물은 100℃일 때 끓고
증기기관차는 212℃일 때 달린다

99℃일 때도 211℃에서도 꼼짝도 않는다
1℃라는 것,
1℃가 차이를 만든다

나에게 1℃는 오지 않은 미래이고
없는 가족이고
있을 수 없는 사랑이 되는데

물이 끓고 증기기관차가 달리듯
나에게 새로운 미래가 열리고
오지 않던 모든 것이 물끓듯 끓어 넘치고 달린다

순간이 영원으로 이어지듯
1℃라는 차이가 만드는 모든 것이
모든 것으로 이어진다

홍운탁월 烘雲托月

달을 그린다
　달을 그리지 않는다
　　구름을 그린다
　　　달을 그리지 않는다
　　　안개를 그린다
　　　달을 그리지 않는다
　　산을 그린다
　달을 그리지 않는다
달을 그린다

달이 밝다 참 밝다 구름 안개 깊을수록 달이 더 밝다

없어서 있는 듯, 있음은 없음에서 나는 것(有生於無)
화룡점정 점 하나가 달을 있게도 하고 없게도 하는 (故有無相生)

없어서 있는 막장의 달 파멸의 달,

달이 스쳐 지나간다 달빛으로

휘영청 밝은 달 구름에 슬쩍 가린 달

구름에 안개에 산에 걸린 달이 깊고 깊게 흘러 흘러 간다

내 안에 죽어있던 달 깨어난다

여백의 달이 더욱 고요하니 빛난다, 환하게

*노자 도덕경에서 인용
*홍운탁월烘雲托月 : 구름으로 달을 드러내는 동양화 기법

이순별곡耳順別曲

엄나무도 가시를 거둘 때가 있다

귀신도 달아난다고

문설주 위에 고이 섬기는 엄나무가시

아름드리 엄나무가 되면

스스로 다스려 가시가 사라진다

자기를 지키려고 울고불고 찔러대던 뾰죽한 엄나무가시

줄기가 굵어지고 키가 자라면

안으로 삭여 닳고 닳은 듯 사라진다

모난 돌 상처의 악다구니 같은 젊음

여유 있는 부드러움의 포용으로 감싸 안는 늙음,

찔러대는 것만이 능사가 아닌

열두 폭 치마처럼 아우르는 것이

삶이라고 엄나무는 말한다

바이올린 나무

록키산맥 수목한계선
사람이 무릎 꿇은 자세의 나무
세찬 비바람과 추위를 견디느라 휘어졌다

오랜 시간
추위와 강풍 이기느라 촘촘히 자랐다
휘어지고 멍든 상처

무릎까지 꿇으면서까지 살아남아야 했던 나무,
최고의 바이올린를 만든다

내 안에서도
무릎 꿇은 나무의 바이올린 소리

간절히 기도하는 소리 들린다

모질게 살아남는 삶의 소리 들린다

산비둘기의 변신

위례신도시 건설로 산비둘기가 쫓겨났다
산이 허물어지고 대신 들어선 아파트,
갈 곳 없는 산비둘기들이 동네로 내려왔다
삼삼오오 모여든 비둘기들은
사람도 무서워하지 않고 먹이를 찾았다
같이 먹고 살아야 한다는 듯

구구구구 구구구구

동네 사람들이 나눠준 먹이에 길들어져 가는 산비둘기
이젠 돌아갈 수 없는 고향은 기억 속에 묻어 두고
산비둘기는 집비둘기가 되어갔다

무당벌레 산불

무당벌레는 20km밖의 산불로 날아간다

모두가 죽는 곳으로 죽음도 불사하고 날아간다

천적이 죽은 곳에서 안전히 알을 낳는다

알은 마음껏 자라 무당벌레가 된다

또 산불이 나면 무당벌레는 또다시 날아간다

혼신을 다해 죽음조차 허물며 날아간다

이런 어미의 마음으로 이어지고 이어지는게 삶이다

끝없이 이어져 이루어지는 것의 존재의 것들이다

그렇게 이루어지고 이루어져 삶이 되고 역사가 되고

넓은 우주가 된다

마지막 남은 창포꽃 잎새 하나

서울 숲 호숫가 창포 노란꽃 환하더니

호수로 몽땅 떨어지고 마지막 잎새 하나 남았다

여인의 머리를 헹구던 오월 단오 지나

창포도 노란꽃잎 모두 떨군 후 이파리만 무성하다

호수에 비치는 창포 잎에

여인의 머릿결 나부끼고

그네 뛰며 웃던 웃음들이 겹쳐진 하늘도 파랗다

끝까지 남아 있는 창포꽃 잎새 하나,

누구를 기다리는지

노란 꽃잎을 파르르 떨고 있다

다시 만나자는 약속도 없이

기약 없는 그림자만 호수 속으로 빠뜨리고 있다

물빛 따라 흔들리는 노란빛은 달빛을 닮았다

영혼의 무게

사람이 죽으면 21g이 줄어든다

영혼의 무게란다

영혼, 21g이 나를 떠나 가벼워지면

죽음조차 딛고 선 영혼에는

사랑 3g 이별 3g 상처 3g
절망 3g 우울 3g 증오 3g 고독 3g

삶의 굴레에 뒤엉켜 몸부림친 것들

모두가 떠나고 홀로 남듯 가벼워진 영혼
너 21g의 것들

■□송태옥 시인을 추모하며

이영식 시인

 1998년 봄, 제가 박제천 선생님의 사무실(이화동 소재)에서 시 창작 지도를 받기 시작했을 때 송태옥 시인은 이미 기존에 회원으로 등록해서 시 공부를 하고 있었습니다. 그러니까 문학아카데미에서의 습작 시기로 따지면 나의 선배가 되는 셈이지요. 왜소한 체격에 기어 들어가는 듯 낮은 목소리로 습작시를 읽는 모습은 그를 더욱 작아 보이게 만들었습니다. 그러나 시와 씨름하는 뚝심만큼은 누구 못지않았으니, 박 선생님이 그녀의 작품을 크게 질타하더라도 별로 큰 반응 없이 빙긋 웃고는 다시 첨삭을 가해서 다음 주에 제출하는 모습이 인상적이었습니다. 그로부터 한참 지난 후에 전해 들은 이야기지만 그녀는 직업이 교사이며 결혼도 하지 않은 채 아버지를 모시며 살고 있다고 했습니다.

 2002년 시문학으로 등단하고 나서도 더 좋은 시를 써보고자 공부는 계속 이어졌고 여러 권의 시집을 발간했는데 그의 신앙 첫 시집『인생의 길을 위하여』에는 다음과 같은 시작품이 있습니다.

> 폐활량이 정상인의 50%도 못 되어 산을 오르지
> 못하는
> 호흡기장애인인 나는
> 산을 오르지 못하니까
> 기도원 산을 천천히 마냥 기어서 걸으며
> 마음껏 단풍을 감상하지요
> 장애는 더 이상 장애가 아니라
> 장애이기 때문에
> 하나님을 찬양하는 도구가 되지요
> 기어서 기어서 마음껏 단풍을 음미하며
> 하나님을 찬양하지요
> ―「가을」 전문

시집을 받고 위 작품을 읽은 후에야 나는 송태옥 시인의 호흡기에 치명적인 문제가 있음을 알게 되었지요. 그리고 그로 인해 장애인으로 등록까지 하였다니 아주 오래전 시 창작반에서 왜 그렇게 모기만 한 목소리로 본인의 시를 읽었는지 비로소 그 이유를 알 것 같았습니다.

그동안 개별적인 연락을 주고받은 적은 없지만 문학아카데미, 시 축제 등에서 서로 안부를 묻고는 했습니다. 그러다가 지난해 8월 그녀의 갑작스러운 부고 소식은 많은 시인들을 깜짝 놀라게 했지요. 고인은 홀몸임에도 외로움은커녕 문학을 향한 열정으로 孤獨力을 키우며 오직 시를 사랑하고 시 쓰기에 정진하면서 살아왔음을 우리는 잘 알고 있습니다. 고인의 장례식을 앞두고 제 생각 속에는 많은 상념이 오고 가다가 결국 고인의 장례식에서 시로 모시는 제사, 詩祭를 지내기로 결심했습니다. 송태옥 시인과 친하게 지냈던 시인들을 급히 불러 모았지요, 고인의 약력을 소개하고 주옥같은 대표 시를 읽으며 하늘나라로 떠나시는 길을 추모했는데 장례에 참석했던 문상객들이 모두 우리의 제사에 조용히 귀 기울이며 동참했습니다.

위 시작품「가을」을 다시 한번 되뇌어봅시다. 그녀는 정상인의 50%도 되지 못하는 폐활량으로 살았던 것, 그러니까 송태옥 시인은 '산을 오르지 못하니까/ 기도원 산을 천천히 마냥 기어서 걸으며/ 마음껏 단풍을 감상하지요/ 장애는 더 이상 장애가 아니라/ 장애이기 때문에/ 하나님을 찬양하는 도구가 되지요'라고 고백하며 자신의 장애를 오히려 하나님을 찬양하는 도구로 삼았던 것입니다. 그렇게 余生을 묵묵히 견디다가 천국으로 떠났습니다. 불꽃 같은 마음으로 시를 사랑하고 쓰다가 먼 길 가신 시인이여, 부디 하늘나라에서도 좋은 시 많이 읽고 쓰시라.

■ 송태옥 시인을 기억하며

황상순 시인

송태옥 시인님을 처음 만난 것이 벌써 20여 년이 지났네요.
특유의 웃음소리, 말소리, "이렇게 고치면 돼요?" 그전 주에 써온 시를 박제천선생님이 고쳐오지 말라고 하셔도 늘 고쳐와서 절차탁마하시던 모습 귀에 쟁쟁합니다.
세상이 아무리 혼탁해도 늘 묵묵히 제 길을 가시던 교육자셨으며 시인으로서도 순진무구한 그 모습 자체셨지요?
퇴직하셨다며 홀가분해 하시던 모습, 조용히 아카데미 축제에서 경청하시던 모습 눈에 선합니다.
"내 마음의 화음", "인생의 길을 위하여" 등 시집들도 생생하고, 특히 "포근한 나의 성령님" 송태옥 신앙시집을 5월에 받고 저는 신자는 아니지만, 믿음을 가지면 이렇게 초연할 수 있구나 부러웠습니다.
6월 여름 시축제에서 고운 한복을 입고 아쟁 연주하시던 모습이 눈에 선한데 이리 갑자기

가시다니 아무리 세상사 새옹지마라지만 너무 허무하고 허무합니다.
순진무구한 모습, 그 미소, 그 음성, 그 작품 오래 기억할게요.
부디 영면하시고, 사랑하시던 아버님과 독실한 신앙과 함께 더욱 행복하시기 바랍니다.

■□ 해설

남겨진 노래, 존재의 미학
-송태옥의 시세계

채수옥 시인·문학평론가

1. 불러왔던 노래와 마지막 말

송태옥 시인은 2002년 『시문학』을 통해 등단한 후 신앙시집 2권을 포함하여 5권의 시집을 상재한 바 있다. 이번 6번째 시집은 유고 시집으로 송태옥 시인의 마지막 시집이 될 가능성이 크다. 시의 성격상 신앙시집은 논외로 하면 실질적으로 4권의 시집에 이르기까지 송태옥 시인은 나름대로의 변화를 통해 시적 갱신을 시도해왔다.

제1시집 『내 마음의 화원』의 해설에서 송정란은 송태옥 시인의 시편들은 '과거를 통해 현재를 극복하고자 하는 의지의 표출'로 해석하고 있다. '순수하고 무구한 시간으로 되돌아가 위로받고,

상처의 시간을 되돌려 이를 회복하고자 함이라'는 것이다.

제2시집 『내 열쇠 속 달동네』에서는 첫 시집에서 보여주었던 '낭만적인 질료들을 버리고 더는 추억에 연연하지 않는다. 추억으로 위장되었던 기억 속의 상처를 하나하나 찾아내고 털어 내는'(박제천 해설) 방식으로의 시적 전환을 통해 개인의 상처뿐만 아니라 타자의 상처까지 아우르고 위무하는 단계로 나아간다.

가령, /한 영혼이 아앙 울면 다른 영혼이 아앙 울어/ 울음 파도밭이 되고/ 한 영혼이 보채면 다른 영혼이 덩달아 칭얼대며/ 엄마 찾는 고아원이 되다가,/ 두런 두런 옹알옹알/ 서로의 상처를 보듬는 듯 보였다// 가슴에 십자가를 그으며 나는/ 성모마리아의 신비스러운 하얀 베일로 / 십자가 하얀 꽃밭의 상처를 덮어주었다.(「십자가 꽃밭」부분) 제 2시집에 실린 이 시는 꽃동네의 낙태아 묘지가 시적 대상이다.

낙태는 공적으로 인정받지 못한 비가시적 존재들이다. 태어나기도 전에 지워진 존재는 그 어떤 상처보다 크다고 할 수 있다. 그뿐만 아니라 아이를 가졌던 여성(엄마)의 입장에서 낙태는 어쩌면 억압과 희생을 강요당한 폭력적 결정에 따른 결과일 수도 있겠다는 짐작만으로도 매우 큰 고통이고 상처다. 시인은 이러한 타자의 고통을 깊이 인식하고 감지한 후 그 고통에 동참하는 모습을 보인다. '성모마리아의 신비스러운 하얀 베일로 / 십자가 하얀 꽃밭의 상처를 덮어 주었다'는 진술을 통해 성모마리아라는 초월적이며 신비스런 존재에게 낙태로 인해 태어나지도 못한 어린 영혼을 의탁하는 듯한 정황을 제시함으로써 타자의 상처를 감싸고 품는 아가페적 사랑의 실천으로 나아가고자 한다.

이번 시집에서 송태옥 시인의 시를 관통하는 핵심 정서는 대체로 두 가지 형태로 나타난다. 첫째, 앞서 살펴본 바와 같이, 자아와 타자의 상처와 고통의 드러냄이다. 방식과 표현의 차이가 있을 뿐 첫 시집에서부터 이번 시집에 이르기까지 공통적으로 보이는 정서다. 둘째, 기억에 의한 과거의 소환이다. 단순히 과거를 회상하거나 추억하는 것에 머무는 것이 아니라 과거를 통해 현재를 이해하고 자신의 존재를 성찰해가는 통로로 삼는다.

송태옥 시인은 생의 마지막 순간까지 시 창작을 멈추지 않았다. 시에 대한 남다른 열정으로 육신의 고통과 아픔을 겪으면서도 자신만의 독특한 시 세계를 구축하고자 온 힘을 기울였던 시인이다. 비록 시인은 천국으로 떠났지만, 오늘 우리는 송태옥 시인이 남기고 떠난 빛나는 작품들을 통해 실존의 회복과 미학적 승화의

지점들을 발견함으로써 그녀가 남긴 문학적 가치에 주목하고 그 발자취를 따라가 보는 일은 매우 의미 있는 일이 될 것이다.

2. 존재를 드러내는 흔적으로서의 상처

인간이 살아가면서 누구나 피할 수 없는 존재의 본질 중 하나가 고통이다. 하이데거는 인간이 '피투 된 존재(Geworfenes Dasein)'로서 고통스럽고 우연한 존재로 삶 속에 던져진 것이라 말한다. 이것은 단순히 생리적 고통이 아니라 존재론적 차원에서의 근원적 불안과 상처에 더 가깝다. 고통은 그 찢어진 틈 즉 상처를 통해 존재의 진실과 마주할 수 있는 균열이며 미학적 사건이 된다. 송태옥 시인은 독실한 기독교 신자로서 실존적 삶의 고통과 불안과 상처들을 하나님께 맡기고 평안을 누리는 방식으로 살아왔다는 것은 사적으로 알고 있는 사실이다. 하나님을 믿는 믿음의 핵심은 사랑이며, 그 사랑의 기저에는 상처와 슬픔까지 수용하고 동참하는 것이다. 시인의 그러한 삶의 방식과 태도는 자신뿐만 아니라 타자의 아픔과 슬픔까지 보듬고 쓰다듬어 극복해 가는 과정에서 자신만의 변별력을 갖게 된다.

소무의도 바닷가 벼랑의 소나무 솔방울을 다닥다닥 매달았다

솔방울은 소나무의 아픔이다

해풍이 몰아치는 바닷가 벼랑 끝이니

저렇게 많은 솔방울이 달릴 수밖에

버티고 서있느라 방울방울 솔방울들 생겨날 수밖에

오랫동안 아파 온 내 몸에도

소무의도 소나무만큼이나 주렁주렁 솔방울 달았다

울음 같은 솔방울

방울방울 맺혔다

-「솔방울 방울방울」전문.

위 시의 시적 대상은 '소무의도 바닷가 벼랑 끝 소나무'다. 누구나 그냥 지나쳤을 법한 솔방울을 보고 '소나무의 아픔'이라 인식한 것은 눈에 보이는 솔방울을 통해 눈에 보이지 않는 소나무의 근원적 아픔을 볼 줄 아는 시안(詩眼)을 가졌음을 알 수 있다. '해풍이 몰아치는 바닷가 벼랑 끝'이라는 진술은 소나무가 겪는 가장 고통스러운 실존의 현장이다. 또한 '다닥다닥' 매달릴 수밖에 없는 솔방울은 소나무의 아픔에 비례한 결과물이 된다. 그렇게 솔방울은 소나무의 열매라는 측면에서 보면 큰 고통과 시련이 오히려 삶의 흔적이자 영광에 비견 될만한 생명의 증명으로 나타남을 보여주기도 한다. '현재의 고난은 장차 우리에게 나타날 영광과 비교할 수 없다'(로마서 8장 18절)는 성경 구절처럼 시인은 아픔을 견디고 이겨낸 만큼 많은 열매들을 맺는다는 사실에 주목한다. 시의 후반부에서 '오랫동안 아파온 내 몸에도/ 소무의도 소나무만큼이나 주렁주렁 솔방울 달았다'는 자기 고백적 진술은 소나무와 시적 자아를 동일시 함으로써 자신의 아픔을 소나무를 통해 소극적으로 드러내고 있다. 이러한 방식은 송태옥 시인의 이전의 시 쓰기에서 주로 활용하던 방식이다. 즉 사물 혹은 자연물

등 다른 시적 대상에 화자를 동일시하거나 겹쳐 놓음으로써 타 대상을 통해 자신의 고통이나 아픔을 에둘러 드러내고 토로하는 방식에 그쳤다고 볼 수 있다. 하지만 이번 시집에서 가장 큰 시적 전환을 이루었다면 이러한 에두름의 방식에서 벗어나 내면의 아픔이나 슬픔과 직접 대면하여 탐색한 후 스스로 그것들을 극복하고 넘어서는 것으로 도약한다는 점이다.

    혼자라는 벽에 갇혀 산다

    혼자 밥을 먹고
    혼자 TV를 보고
    혼자 잠을 잔다

    혼자라는 벽 속에는
    바람도 햇빛도 들지 않는다
    저 혼자 봄에서 겨울로 흐를 뿐이다

    혼자라는 벽이 단단해지고
    두꺼워질수록 벽은 또 다른 벽이 된다

    벽과 벽이 마주 앉아
    대화를 시작한다

벽에 기대어
벽을 바라보고
벽을 이해하며

말을 걸기 시작하자

벽이 조금씩 허물어진다
벽은 나를 놓아줄 것만 같다

-「벽」전문.

「벽」이라는 시에서 화자는 '혼자라는 벽에 갇혀 산다'는 직설적 선언으로부터 시작한다. 이는 고립된 시적 자아의 모습을 정면으로 인식한 결과다. 앞서 언급했던 에두룸의 방식이 아닌 화자 자신의 진일보한 형태로 적극적 인식으로의 전환이다. '벽'이 가진 상징성은 한마디로 단절이다. 단순히 외부와의 단절을 위해 공간을 구획 짓는 물리적 벽을 넘어 심리적이고 존재론적인 단절을 의미한다. 이는 고립된 시적 자아가 단순히 감정적인 외로움의 상태에 머문다는 것이 아니라 인간 존재의 근원적이고 본질적인 차원의 인식이다. '혼자 밥을 먹고/

혼자 TV를 보고/ 혼자 잠을 잔다'는 구체적 정황 등을 제시함으로써 고립된 시적 자아의 상태를 감각적으로 보여줄 뿐만 아니라 '혼자라는 벽 속에는/ 바람도 햇빛도 들지 않는다/ 저 혼자 봄에서 겨울로 흐를 뿐이다'는 진술을 통해 '혼자라는 벽'이 얼마나 강도 높은 벽인가를 짐작케 한다. 시적 자아는 그러한 고립의 상태에서 멈추지 않고 이를 극복하고 넘어서려는 의지를 내보인다. '벽과 벽이 마주 앉아 대화를 시작'함으로써 '벽을 이해하'게 되고 '벽은 조금씩 허물어'지게 되며 마침내 '벽은 나를 놓아줄 것만 같다'고 말한다. 내면의 고립감과 아픔을 인정하고 받아들이는 소통의 과정을 통해 상처는 치유되고 닫혀있던 자아가 열린 세계로 나아 가는 단계로 발전함을 볼 수 있다. 오늘 우리 사회는 1인 가구의 수가 점점 늘어날 뿐만 아니라 앞으로 더 심화될 것으로 예상된다. 비단 혼자 살아가는 사람들뿐만 아니라 현대를 사는 인간이라면 누구나 느낄 수 있는 존재론적 고립과 그에 따른 고통, 아픔 등을 어떻게 이겨갈 수 있는지를 잘 보여주고 있다.

.......전반부 생략.....

어느 날부터
이것저것 욕심껏 집어넣다 보니
몸도 아프고 마음이 아픈 날이 많았다

가방 안으로 들어갈 수 없는
또 다른 내가 흘러넘쳤다

손잡이가 뜯어지고
어깨끈이 끈어지고
가방은 낡아가고 찢어지기 직전이다

나는 나라는 가방을 뒤집어엎고
가방에 넣을 수 있을 만큼만 넣기로 하고
모두 쏟아버렸다

학연, 지연, 인맥, 체면, 자존심...

가벼워진 가방 안에
따뜻한 햇살 하나 담는데 평생이 걸렸다

-「가방」부분.

시집의 제목으로 사용된 마지막 구절이 가슴을

울리는 시다. 앞서 말했듯이 이번 시집에서 송태옥 시인의 새로운 변화는 1인칭 화자의 가면을 쓰고 직접 시적 대상 속으로 천착해 들어간 다음 그 대상이 가지고 있는 외연과 내면의 속성들을 충분히 활용해 시적 완성도를 높이고 있다는 점이다. 이전의 시들에서는 주로 관찰자의 시점이나 제3자적 시선으로 대상을 바라본 후 후반부에 화자 자신을 슬쩍 대입하는 방식이라면 첫 행부터 솔직하고 과감하게, 차용된 객관적 상관물과 일치시킴으로써 밀도를 높인다. 즉 나(화자)=가방이라는 전제하에 가방이 가지고 있는 특징과 속성의 바탕 위에 뭐든지(학연, 인맥, 체면, 자존심...)채우기에 여념이 없는 인간의 욕망을 절묘하게 일치시킨다. 그 과정에서 '몸도 아프고 마음도 아픈 날이 많아 지'면서 화자는 몸으로 지칭되는 '나라는 가방을 뒤집어엎고', '모두 쏟아버렸다'고 말한다. 자신의 존재를 증명하고 유지하기 위해 동원되는 인간관계의 허위와 위선 그리고 체면과 자존심을 지키기 위해 자신마저 속일 수밖에 없는 인간의 숨겨진 속성을 '가방'이라는 사물을 통해 적나라하게 꼬집고 비판한다. 언뜻 보면 개인적 경험과 체험이 바탕이 되어 사적 정황으로 읽힐 수 있으나 송태옥 시인은 1인칭 화자를 내세워 사실성과 구체성을 높이고자 할 뿐 개인적 서사를 넘어서

현대인의 자화상으로 확장시키고 있다.

3. 기억을 통한 존재의 성찰

과거의 시간이란 단순히 흘러가 버리고 마는 것이 아니라 정체성을 형성하는 기억의 총체다. 이러한 기억은 무의식에 잠재해 있다가 감각의 자극을 통해 소환되어 현재의 존재와 의미를 새롭게 재구성하기도 한다. 송태옥 시인의 시에 나타난 기억이란 단순한 회상이나 추억으로서만 존재하지 않는다. 떠올려진 기억을 통해 존재를 재인식함으로써 현재를 이해하고 성찰하는 계기로 삼는다. 마르셀 푸르스트의 소설 '잃어버린 시간을 찾아서'에서 주인공이 마들렌을 홍차에 적셔 먹는 순간 의도치 않게 과거의 기억이 생생히 환기됨으로써 이야기가 시작되고 있는 것처럼, 아래의 시는 풀밭 위에 떨어진 작은 운동화 한 짝으로부터 과거의 시간이 회복된다.

> 첫 부임 한 학교 운동회 날이었다
> 선생대표 달리기 선수로 뽑혔다
> 운동화가 벗겨지는 줄도 모르고
> 악착같이 달렸다

함성이 달리고
만국기가 달리고
나의 청춘이 힘껏 달렸다

하지만 이제는 숨쉬기조차 힘이 든다
정상인 폐활량의 50퍼센트도 안 되는 폐활량으로
빨리 걷는 것조차 무리다

학교 운동장과는 비교할 수도 없는
생의 바퀴를 달리느라
나는 폐가 망가지는 줄도 모르고 달렸다

삼삼오오 소풍 나온 공원 옆 풀밭
작은 운동화 한 짝이 뒹굴고 있다
운동회 날 내게서 벗겨진
그 운동화 한 짝이 풀밭을 달리는 것만 같다

봄바람을 신고
구름을 신고
햇빛 속을 달린다

새들이 만국기처럼 펄럭이며 날아간다

 -「풀밭 위를 달리는 운동화 한 짝」전문.

위 시에서 화자는 '첫 부임 한 학교 운동회 날'을 떠올린다. 선생이 된 후 첫 부임이고 '선생대표 달리기 선수로 뽑혔'으니 전력을 다해 달렸다는 것은, 다음 구절 '운동화가 벗겨지는 줄도 모르고/ 악착같이 달렸다'는 진술을 통해 알 수 있다. 하지만 이 시의 핵심은 사실적으로 경험하게 된 운동회의 서사가 아니다. 가장 치열하고 뜨거웠던 청춘의 시간을 복원하고 시로 재현해 냄으로써 인생 전체에 있어 열정적으로 헌신하고 몰입했던 과거를 소환한다. 그로 인해 현재 안고 있는 육체의 고통과 아픔의 원인을 반추하고 지난 삶의 궤적을 되돌아 봄으로써 무엇을 위해 그렇게 달렸는가에 대한 존재론적 성찰로 이어진다. '학교 운동장과는 비교할 수도 없는/ 생의 바퀴를 달리느라/ 나는 폐가 망가지는 줄도 모르고 달렸다'는 것은 회상과 향수에 그치지 않고 삶의 희생과 소진에 대한 인식의 결과다. 또한 이 시의 제재이며 객관적 상관물인 '작은 운동화 한 짝'은 과거와 현재를 잇는 강력한 이미지의 매개체로 작동된다. 과거의 자신, 청춘, 열정, 삶의 흔적을 상징한다. '빨리 걷는 것조차 무리'인 현재의 자신을 대신해 그 작은 운동화는 대리자처럼 화자의 기억 속을 달린다. '봄바람을 신고/ 구름을 신고/ 햇빛 속을 달'린다는 진술은 고통스러운 현실을 초월해 자유와 회복의 이미지로 탈바꿈 한다. 이 시는 '운동회 날'의 기억을 통해 몸이 아픈 고통스러운 현실 속에서도 과거의 빛나는 순간을 상징과 환상으로 재구성하여 보여줌으로써 삶의 본질을 되물으며, 존재의 아름다움을 회복하려는 시적 태도를 보이고 있다.

    약탕관에 꽃들을 꽂았다
    할머니 때로부터 내려오며 굴러다니는 약탕관은
    처음으로 꽃향기를 끓이는 중이다

    한약을 먹고 살아났다는 옆집 경이처럼
    붉은 노랑 자줏빛 꽃다발이
    푸른 줄기로 흐르는 약 기운 때문일까

    감기와 천식에도 끄떡없다는 듯 향기를 피워올린다
    한약 냄새 대신 꽃향기를 품은
    항아리를 닮은 약탕관의 입이 벙글거린다

    하지만 이따금씩

꽃에서 할머니 냄새 같은
한약 냄새가 나는 것 같기도 하다

-「꽃병」전문.

  위 시는 '약탕관'이라는 사물을 통해 아픔과 아름다움이 공존하는 시적 장면으로 구현해낸다. '할머니 때로부터 내려오며 굴러다니는 약탕관은/ 처음으로 꽃향기를 끓이는 중이다'는 표현이 그것이다. 한약을 달이던 약탕관은 할머니 세대의 고단한 삶, 치유, 돌봄을 상징하는 오브제다. 하지만 현재는 꽃병으로 새롭게 변용된다. 약탕관과 꽃은 대단히 이질적인 사물이지만 하나의 연속된 감각으로 연결되어 고통의 시간과 아름다움이 공존할 수 있음을 보여준다. 또한 약탕기에 꽂힌 꽃들도 '약 기운'을 받아 '감기와 천식에도 끄떡없다는 듯 향기를 피워올린다'는 발상은 과거의 기억이란 완전히 지워지는 것이 아니라 여전히 현재 속에 스며 있음을 암시한다. 그러므로 기억은 퇴색되지 않고 변형되어 살아있고, 그 기억을 품고 새로운 향기를 피워내는 것이 곧 회복이며 삶이라는 것이 잘 드러난 시다.

4. 맺음말

 기억과 상처는 존재의 흔적이며 살아냈다는 증거다. 송태옥 시인은 이번 시집에서 다양한 시적 화자들을 통해 타자와 자신의 내면에 깃든 기쁨, 슬픔, 아픔 등을 은유적으로 표출함으로써 그 흔적들과 마주하게 한다. 상처는 감추어야 할 것이 아니라 존재의 내면을 드러내는 진실한 기록이다. 시인은 그 기록 앞에 용기 내어 마주 앉아 대화하고 소통함으로써 이해하고 화해하며 치유의 길로 나아간다. 또한 타자의 고통에 대해서는 깊이 공감하고 그 고통에 기꺼이 동참하여 위무하고 다독이는 따뜻함을 보인다. 송태옥 시인에게 기억은 현재를 재인식하는 방식으로 단순히 과거의 시간에만 머무르는 것이 아니라 현재의 나를 성찰하게 하는 거울로서 작동된다. 그러므로 송태옥 시인의 시들을 읽다 보면 우리는 자기 존재의 깊이를 깨닫게 된다.
 시를 읽고 감상하는 방법은 각기 다르므로 그 해석의 방향도 천차만별이다. 필자는 이번 시집에서 대체로 최근에 쓰여 진 1부와 2부에 실린 시들에 주목했다. 턱없이 부족한 안목으로 누가 되지 않길 바랄뿐이다.

에필로그

시인의 부재로 인해 '시인의 말'이 없는 해설을 시작하려니, 마음이 먹먹하고 울컥거려서 좀처럼 진도가 나가지 않았다. 송태옥 시인님이 계셨더라면 시인의 말을 뭐라 적었을까 상상하며 이전의 시집들을 살펴봤다. 신앙시집은 물론이고 모든 시집의 첫머리에 '하나님과 하늘나라에 계신 아버지께 이 시집을 바칩니다'라고 쓰고 있었다. 이 순간 송태옥 시인께서 계셨더라면 역시 망설임 없이 '하나님과 하늘나라에 계신 아버지께 이 시집을 바칩니다'라고 쓰셨을 것 같아 대신 써드리고 싶었다. 그리고 그 자리에 '쉼,'이라는 시를 흰 국화처럼 놓아 드리고도 싶다.

> 해금이 숨 가쁜 음들을 내려놓고
> 활대를 풀어 놓는다
> 더 깊은 울림에 닿기 위해
> 구석에 기대어
> 뜨겁고 격렬하게 긁고 튕겼던
> 실핏줄 같은 줄들을
> 가만히 식히고 있다

-「쉼,」전문.

송태옥 시인님은 해금 연주에도 실력자셨다. 연습 과정과 공연하던 이야기도 들려주시기도 했지만 이렇게 시로 녹여내기도 했다. 설명이 필요 없이 읽는 이의 마음에 잔잔한 파동을 일으키는 시다. '뜨겁고 격렬하게 긁고 튕겼던' 삶을 내려놓고 이젠 아픔이 없는 곳에서 영원한 쉼을 얻어 평화로운 안식에 들어가셨을 것이다.

송태옥 시인님을 알게 된 것은 신미균 선생님을 통해서다. 필자가 부산의 한 도서관에서 상주 작가로 근무하던 때 신미균 선생님을 강연자로 모신 적이 있다. 그때 동행 하셨던 송태옥 시인님의 첫인상은 순진무구, 해맑음 그 자체셨다. 건강이 좋지 않으셨지만 신미균 선생님의 극진한 배려와 보살핌으로 부산 영도에 있는 태종대에 올라 광활한 바다를 보시고 어린아이처럼 기뻐하셨던 모습이 눈에 선하다. 그렇게 짧은 부산 여행을 마치고 얼마 지나지 않아 신미균 선생님으로부터 연락이 왔다. 송태옥 시인님께서 시를 더 공부하고 싶다는 전언이었다. 이미 좋은 시를 쓰고 계신 데 뭘 더 배울 게 있으실까 싶은 마음이었지만, 수업하면서 알게 됐다. 언제나 겸손한 마음으로 배우기를 멈추지 않았던 것은 시인님 성품이라는 것을. 당신보다 한참 어린 선생에게 꼬박꼬박 '우리 선생님

힘들어서 어떻게 해' 혹은 '내가 뭘 알아' 하시며 겸손하게 어린아이처럼 웃으시던 목소리가 지금도 생생하다. 비록 짧은 기간이었지만 우리는 서로의 내밀한 이야기를 나누기도 하고 시에 대한 고민으로 수업 시간이 훌쩍 넘어가도록 열띤 이야기를 이어가기도 했다. 숨이 차고 기침이 나서 말씀을 잘 못하셨기 때문에 대부분 일방적으로 내가 얘기할 때가 많았다. 그렇게 새로운 시에 대한 열정으로 한 주도 거르지 않고 작품을 보내주시던 어느 날 아침이었다. 수업 시간이 되어 전화를 걸었지만 받지 않으셨다. 평소라면 기다렸다는 듯 한 번의 신호음이 울리기가 무섭게 받으시던 그날의 전화는 영원히 받지 않으셨다. 다음 날 한마디 인사도 없이 조용히 우리 곁을 떠나셨다는 소식을 듣고 하루 종일 너무 허망하고 뜻밖이라 도무지 강의에 집중할 수 없었다. 그날 나는 강의실 정면 대형 스크린에 흰 국화를 띄워 놓고 매 수업 시간마다 시인님의 시를 읽고 낭송하며 수강생들과 얼굴도 모르는 송태옥 시인님을 함께 추모했던 기억이 난다. 송태옥 시인께서 가신지 1주년이 다가오는 오늘, 마지막으로 남기고 떠나신 시들이 책상 위에서 반짝거리고 있다. 못다 한 말처럼. 남겨진 노래처럼. 늦었지만 시집으로 묶을 수 있어서 다행이다. 필자와 수업하실 때 자주 했던

'좋은 시 많이 써서 짠! 하고 공개하고 싶다'던 말씀처럼 천국에서 조금은 기뻐하지 않으실까 상상해본다. 시집이 나오기까지 마음을 내어주신 유가족분들과 도움의 손길을 보태주신 분들에게 주제넘을지 모르지만, 송태옥 시인님을 대신해서 감사의 인사를 드리고 싶다. 그리고 시인님을 기억하는 모든 사람들에게 선물 같은 시집이 되었으면 좋겠다.